Anna Achmatowa
Requiem

Oberbaum Verlag

Aus dem Russischen von Rosemarie Düring

Erstveröffentlichung
(der deutschen Übersetzung)
© der deutschen Übersetzung by Oberbaum Verlag 1987
Oberbaum Verlag
Pannierstraße 54
1000 Berlin 44
Telefon 030 / 624 69 21
Satz: Oberbaum Verlag
Druck: Fuldaer Verlagsanstalt GmbH
Schutzumschlag: Maler unbekannt / Detail
© Fotos und Dokumente by ARDIS Verlag / USA
Ardis, 2901 Heatherway
Ann Arbor, Michigan 48104
und by Edition Seghers, Paris
Der Verlag dankt für die Genehmigung zur Abbildung
Printed in Germany. Alle Rechte vorbehalten.
ISBN 3-926409-08-8

Requiem

Нет, это не я — это кто-то другой
                         страдает,
Я бы так не могла, а то что
                  случилось
Пусть чёрные сукна покроют
И пусть унесут фонари..
Ночь.

1938 Ленинград

Statt eines Vorwortes

In den schrecklichen Jahren unter Jeshov habe ich siebzehn Monate schlangestehend vor den Gefängnissen von Leningrad verbracht. Einmal erkannte mich jemand irgendwie. Da erwachte die hinter mir stehende Frau mit blauen Lippen, die natürlich niemals meinen Namen gehört hatte, aus der uns allen eigenen Erstarrung und fragte mich leise (dort sprachen alle im Flüsterton):
„Und das können Sie beschreiben?"
Und ich sagte:
„Ja."
Da glitt etwas wie ein Lächeln über das, was einmal ihr Gesicht gewesen war.

1. April 1957
Leningrad

Нет, не под чуждым небосводом,
Не под защитой чуждых крыл —
Была тогда с моим народом,
Где мой народ, к несчастью, был.

Апрель 1957

Nein, nicht unter fremdem Himmelsbogen,
Nicht unter fremder Flügel Schutz —
Ich war damals mit meinem Volk,
Wo mein Volk, zum Unglück, war.
                              April 1957

ПОСВЯЩЕНИЕ

Перед этим горем гнутся горы,
Не течет великая река.
Но крепки тюремные затворы,
А за ними «каторжные норы»
И смертельная тоска.
Для кого-то веет ветер свежий,
Для кого-то нежится закат —
Мы не знаем, мы повсюду те же,
Слышим лишь ключей постылый скрежет
Да шаги тяжелые солдат.
Поднимались, как к обедне ранней,
По столице одичалой шли,
Там встречались, мертвых бездыханней,
Солнце ниже и Нева туманней,
А надежда все поет вдали...
Приговор... И сразу слезы хлынут,
Ото всех уже отделена,
Словно с болью жизнь из сердца вынут,
Словно грубо навзничь опрокинут,
Но идет... Шатается... Одна...
Где теперь невольные подруги
Двух моих осатанелых лет?
Что им чудится в сибирской вьюге,
Что мерещится им в лунном круге?
Вам я шлю прощальный мой привет.

                          Март 1940

Widmung

Vor diesem Gram verbeugen sich die Berge,
Verhält der große Strom.
Doch fest sind die Gefängnisriegel,
Und dahinter ,,Sträflingshöhlen"
Und Todeseinsamkeit.
Für wen weht dort der kühle Wind,
Für wen leuchtet rot der Sonnenuntergang —
Wir wissen nichts, sind überall die gleichen,
Wir hören nur der Schlüssel widerliches Klirren
Und der Soldaten schweren Schritt.
Wir standen auf, als wollten wir zur frühen Messe,
Und gingen durch die menschenleere Stadt,
Begegneten uns dort, entseelter als die Toten,
Die Sonne tiefer und die Newa trüber,
Doch in der Ferne singt die Hoffnung noch . . .
Das Urteil . . . und schon strömen Tränen,
Von allen nun getrennt,
Gleichsam als risse man das Leben aus dem Herzen,
als werde man grob umgestoßen,
Doch geht sie . . . schwankt . . . allein . . .
Wo sind die Freundinnen, unfreiwillig mir
                                    verbunden,
Zweier meiner Satansjahre jetzt?
Wovon träumen sie in sibirischen Stürmen,
Was erscheint ihnen im Mondeskreis?
Euch sende ich meinen Gruß.

März 1940

ВСТУПЛЕНИЕ

Это было, когда улыбался
Только мертвый, спокойствию рад.
И ненужным привеском болтался
Возле тюрем своих Ленинград.
И когда, обезумев от муки,
Уже шли осужденных полки,
И короткую песню разлуки
Паровозные пели гудки.
Звезды смерти стояли над нами,
И безвинная корчилась Русь
Под кровавыми сапогами
И под шинами черных марусь.

Einführung

Dies war, als
Nur ein Toter lächelte, dessen Ruhe begann.
Und zu unnötigem Beiwerk
An seinen Kerkern Leningrad verkam.
Und als, fast besinnungslos vor Qual,
Schon Kolonnen Verurteilter gingen,
Und ein kurzes Lied zum Abschied
Die Dampfsirenen sangen.
Über uns die Sterne des Todes.
Und schuldlos wand sich die Rus
Unter Stiefeln, blutverschmiert,
Unter den Schienen der schwarzen Maruss'.*

* „Schwarze Marußja" — Transportwaggon für Gefangene.

1

Уводили тебя на рассвете,
За тобой, как на выносе, шла,
В темной горнице плакали дети,
У божницы свеча оплыла.
На губах твоих холод иконки.
Смертный пот на челе не забыть.
Буду я, как стрелецкие женки,
Под Кремлевскими башнями выть.

1935

1

Sie führten dich fort im Morgengrauen,
Wie zum Begräbnis folgte ich dir,
Die Kinder weinten im dunklen Zimmer,
Bei den Heiligenbildern tropfte das Licht.
Auf deinen Lippen Ikonenkälte.
Und Todesschweiß auf deiner Stirn.
Ich werde, wie einst die Strelitzenfrauen,
Heulen unter den Kremltürmen.

1935

2

Тихо льется тихий Дон,
Желтый месяц входит в дом.

Входит в шапке набекрень,
Видит желтый месяц тень.

Эта женщина больна,
Эта женщина — одна.

Муж в могиле, сын в тюрьме,
Помолитесь обо мне.

2

Still zieht hin der stille Don,
Gelber Mond tritt ein ins Haus.

Tritt herein mit schiefer Mütze,
Sieht der Gelbe einen Schatten.

Diese Frau dort, die ist krank,
Diese Frau dort ist — allein.

Der Mann im Grab, der Sohn im Turm,
Betet für mich.

3

Нет, это не я, это кто-то другой страдает.
Я бы так не могла. А то, что случилось,
Пусть черные сукна покроют,
И пусть унесут фонари...
                    Ночь.

3

Nein, das bin nicht ich, das leidet jemand anderes.
Ich könnte das so nicht. Und das, was geschah,
Sollen schwarze Tücher bedecken,
Und man soll die Laternen forttragen . . .
                                          Nacht.

4

Показать бы тебе, насмешнице
И любимице всех друзей,
Царскосельской веселой грешнице,
Что случится в жизни твоей —
Как трехсотая, с передачею,
Под Крестами будешь стоять,
И своей слезою горячею
Новогодний лед прожигать.
Как тюремный тополь качается,
И ни звука — а сколько там
Неповинных жизней кончается...

4

Zeigen sollte man dir, Spötterin
Und Liebling aller Freunde,
Fröhlichen Sünderin von Zarskoje Selo,
Was aus deinem Leben noch wird —
Als Dreihundertste, mit deiner Gabe,
Wirst du vor „Kresty" stehen,
Und mit deiner heißen Träne
Das Neujahrseis bezwingen.
Wie die Gefängnispappel sich wiegt,
Und kein Laut — aber wieviele
Unschuldige Leben enden dort . . .

5

Семнадцать месяцев кричу,
Зову тебя домой,
Кидалась в ноги палачу,
Ты сын и ужас мой.
Все перепуталось навек,
И мне не разобрать
Теперь, кто зверь, кто человек,
И долго ль казни ждать.
И только пыльные цветы,
И звон кадильный и следы
Куда-то в никуда.
И прямо мне в глаза глядит
И близкой гибелью грозит
Огромная звезда.

5

Siebzehn Monate schreie ich,
Rufe dich nach Haus.
Warf mich dem Henker vor die Füße,
Du Sohn und Schrecken mein.
Die Welt verwirrte sich für immer,
Und unterscheiden kann ich nicht,
Wer Tier, wer Mensch,
Und ob ich schon lange das Ende erwarte.
Und staubige Blumen nur,
Und des Weihrauchfasses Klang und eine Spur
Dorthin ins Nirgendwo.
Und direkt mir in die Augen schaut
Und droht mit nahem Untergang
Ein ungeheurer Stern.

6

Легкие летят недели,
Что случилось, не пойму,
Как тебе, сынок, в тюрьму
Ночи белые глядели,
Как они опять глядят
Ястребиным жарким оком,
О твоем кресте высоком
И о смерти говорят.

1939

6

Leicht die Wochen fliegen,
Was geschah, begreif ich nicht,
Seit dir, Sohn, in den Turm
Die weißen Nächte schauten,
Seit sie wieder schauen
Mit des Habichts heißem Blick,
Von deinem hohen Kreuz
Und vom Tode reden.

1939

7

ПРИГОВОР

И упало каменное слово
На мою, еще живую, грудь.
Ничего, ведь я была готова,
Справлюсь с этим как-нибудь.

У меня сегодня много дела:
Надо память до конца убить,
Надо, чтоб душа окаменела,
Надо снова научиться жить.

А не то... Горячий шелест лета,
Словно праздник за моим окном.
Я давно предчувствовала это —
Светлый день и опустелый дом.

1939, лето

7

Das Urteil

Und es fiel das steinerne Wort
Auf meine, noch lebende, Brust.
Gleichviel, ich war bereit,
Komme zurecht damit schon irgendwie.

Ich habe heute viel zu tun:
Muß die Erinnerung endgültig töten,
Muß die Seele mir versteinen,
Muß von neuem zu leben beginnen.

Doch das nicht ... des Sommers heißes Flüstern,
Gleichsam ein Feiertag vor meinem Fenster.
Das habe ich lang vorausgefühlt —
Ein heller Tag und ein verlassenes Haus.
          1939 Sommer

К СМЕРТИ

Ты все равно придешь — зачем же не теперь?
Я жду тебя — мне очень трудно.
Я потушила свет и отворила дверь
Тебе, такой простой и чудной.
Прими для этого какой угодно вид —
Ворвись отравленным снарядом
Иль с гирькой подкрадись, как опытный бандит,
Иль отрави тифозным чадом.
Иль сказочкой, придуманной тобой,
И всем до тошноты знакомой, —
Чтоб я увидела верх шапки голубой
И бледного от страха управдома.
Мне все равно теперь. Клубится Енисей,
Звезда Полярная сияет,
И синий блеск возлюбленных очей
Последний ужас застилает.

19 августа 1939

8

An den Tod

Du kommst ja doch — warum also nicht jetzt?
Ich wart' auf dich — mir ist sehr schwer.
Ich hab' das Licht gelöscht und öffnete die Tür
Dir, der so einfach ist und wunderbar.
Dazu nimm an beliebige Gestalt —
Dring ein als Giftgeschoß,
Schleich mit dem Eisen an, als ein erfahrener
             Bandit,
Oder versprühe Typhusschwaden.
Oder als Märchen komm, von dir erdacht,
Und allen bis zum Überdruß bekannt, —
Daß ich den Rand der blauen Mütze sehe
Und den Verwalter, bleich vor Angst.
Mir ist jetzt alles gleich. Es schäumt der Jenissej,
Der Nordstern glänzt,
Und der geliebten Augen blaues Leuchten
Mildert den letzten Schreck.
           19. August 1939

9

Уже безумие крылом
Души накрыло половину
И поит огненным вином
И манит в темную долину.

    И поняла я, что ему
    Должна я уступить победу,
    Прислушиваясь к своему
    Уже как бы чужому бреду.

И не позволит ничего
Оно мне унести с собою
(Как ни упрашивай его
И как ни докучай мольбою):

    Ни сына страшные глаза —
    Окаменелое страданье, —
    Ни день, когда пришла гроза,
    Ни час тюремного свиданья,

Ни милую прохладу рук,
Ни лип взволнованные тени,
Ни отдаленный легкий звук —
Слова последних утешений.

4 мая 1940

9

Schon hat der Wahnsinn mit einem Flügel
Die Hälfte der Seele bedeckt.
Und tränkt mit feurigem Wein
Und lockt mich in das dunkle Tal.

    Und ich verstand, daß ich
    Den Sieg ihm überlassen soll,
    Und folge meinen
    Schon fremden Fieberphantasien.

Und nichts gestattet er
Mir dahin mitzunehmen
(Wie sehr ich ihn auch bitte
Und lästig bin mit Flehen):

    Nicht des Sohnes Schreckensaugen —
    Das erstarrte Leiden, —
    Nicht den Tag, als das Gewitter kam,
    Nicht die Wiedersehensstunde im Gefängnis,

Nicht die Kühle lieber Hände,
Nicht der Linden bewegte Schatten,
Nicht den fernen leichten Klang —
Die Worte letzten Trostes.

                                                4. Mai 1940

10

РАСПЯТИЕ

«Не рыдай Мене, Мати,
во гробе сущу».

1

Хор ангелов великий час восславил,
И небеса разверзнулись в огне.
Отцу сказал: «Почто Меня оставил!»
А матери — «О, не рыдай Мене».

2

Магдалина билась и рыдала,
Ученик любимый каменел,
А туда, где молча Мать стояла,
Так никто взглянуть и не посмел.

1940-1943

10

Kreuzigung

„Weine nicht um Mich, Mutter,
Im Grabe b i n Ich."

1

Der Chor der Engel pries die hohe Stunde,
Und die Himmel öffneten sich weit im Feuer.
Zum Vater sprach er: „Warum hast du Mich
                                    verlassen!"
Zur Mutter aber — „O, weine nicht um Mich."

2

Magdalena zitterte und weinte,
Der Lieblingsschüler war versteint,
Doch dorthin, wo schweigend die Mutter stand,
Wagte niemand hinzusehen.

1940 — 1943

ЭПИЛОГ

1

Узнала я, как опадают лица,
Как из-под век выглядывает страх,
Как клинописи жесткие страницы
Страдание выводит на щеках,
Как локоны из пепельных и черных
Серебряными делаются вдруг,
Улыбка вянет на губах покорных,
И в сухоньком смешке дрожит испуг.
И я молюсь не о себе одной,
А обо всех, кто там стоял со мной,
И в лютый холод, и в июльский зной,
Под красною ослепшею стеной.

Epilog

1

Ich erfuhr, wie Gesichter verfallen,
Wie unter Augenlidern die Angst hervorblickt,
Wie die Keilschrift mit harten Seiten
Leid in Wangen eingräbt,
Wie Locken, aschblond und schwarz,
Plötzlich silbern werden,
Das Lächeln verdorrt auf gefügigen Lippen,
Und in trockenem Lachen zittert der Schreck.
Und ich bete nicht für mich allein,
Sondern für jede, die mit mir dort stand,
In grimmiger Kälte, und in des Juli Brand,
An der roten verblichenen Wand.

2

Опять поминальный приблизился час.
Я вижу, я слышу, я чувствую вас:
И ту, что едва до окна довели,
И ту, что родимой не топчет земли,
И ту, что красивой тряхнув головой,
Сказала: «Сюда прихожу, как домой».
Хотелось бы всех поименно назвать,
Да отняли список, и негде узнать.
Для них соткала я широкий покров
Из бедных, у них же подслушанных слов.
О них вспоминаю всегда и везде,
О них не забуду и в новой беде,
И если зажмут мой измученный рот,
Которым кричит стомильонный народ,
Пусть так же они поминают меня
В канун моего погребального дня.
А если когда-нибудь в этой стране
Воздвигнуть задумают памятник мне,
Согласье на это даю торжество,
Но только с условьем: поставить его
Не около моря, где я родилась:
Последняя с морем разорвана связь,
Не в царском саду у заветного пня,
Где тень безутешная ищет меня,
А здесь, где стояла я триста часов
И где для меня не открыли засов,
Затем, что и в смерти блаженной боюсь

2

Wieder nähert sich die Stunde der Erinnerung.
Ich sehe, ich höre, ich fühle euch:
Dich, die sie mühsam zum Fenster führten,
Und jene, die nun die Heimat nicht mehr betritt,
Und jene, die mit ihrem schönen Kopf zitternd
Sagte: „Hierher komme ich, wie nach Haus."
Ich wollte sie alle mit Namen nennen,
Doch man nahm mir die Liste, wer kennt sie noch.
Für sie webte ich ein breites Tuch
Aus armseligen Wörtern, von ihnen gehört.
An sie erinnere ich mich immer und überall,
Auch in neuem Unglück werde ich sie nicht
                              vergessen,
Und wenn man mir meinen gequälten Mund
                              zudrückt,
Mit dem ein Hundertmillionenvolk schreit,
So mögen auch sie sich meiner erinnern
Am Abend, bevor man ins Grab mich senkt.
Und wenn man einmal in diesem Land
Mir ein Denkmal zu errichten gedenkt,
So willige ich zu dieser Feier ein,
Doch nur unter einer Bedingung: es nicht zu
                              erbauen
Am Meer, wo ich geboren:
Die letzte Verbindung zum Meer ist zerrissen,
Nicht im Zarengarten, am verborgenen Stumpf,
Wo ein untröstlicher Schatten mich sucht,
Sondern hier, wo ich dreihundert Stunden
                              gestanden
Und wo kein Tor sich geöffnet fand,
Dies, weil ich fürchte, ich könnte im Tod

Забыть громыхание «черных марусь»,
Забыть, как постылая хлопнула дверь,
И выла старуха, как раненый зверь.
И пусть с неподвижных и каменных век,
Как слезы струится подтаявший снег,
И голубь тюремный пусть гулит вдали
И тихо идут по Неве корабли.

Март 1940

Das Poltern der „schwarzen Maruss'" je vergessen,
Das Schlagen jener verhaßten Tür,
Und das Heulen der Alten, gleich einem
                              verwundeten Tier.
Und möge von den unbeweglichen und steinernen
                              Lidern
Der tauende Schnee als Träne rinnen
Und in der Ferne eine Gefängnistaube gurren —
Und auf der Newa still die Schiffe ziehn.

           März 1940

Nachwort

Der Gedichtzyklus „Requiem" ist eine der großen Dichtungen unseres Jahrhunderts, ein literarisches Zeugnis der Ära stalinistischer Gewaltherrschaft.
Er entstand in den Jahren 1935—43 und wurde bisher in der Sowjetunion nicht veröffentlicht.
Anna Achmatowa (1889—1966) gilt als die bedeutendste russische Lyrikerin. Die schlichten, strengen, eindringlichen Verse dieses Poems machen die Verzweiflung der Mütter, die Folter, die Schrecken der Transporte, der Nächte der Erschießungen, die Angst zur furchtbaren Realität.
Anna Achmatowa hat all dies selbst erlebt; die Erschießung ihres geschiedenen Mannes N. Gumilev 1921, die Verhaftungen ihres Sohnes in den Jahren 1935, 1938, 1948, das Verschwinden von Freunden, Dichtern, Schriftstellern, deren Tod. So erlebte sie den Tod Ossip Mandelstams, der 1938 in einem Konzentrationslager bei Wladiwostok umkam, sowie das tragische Ende Marina Zwetajewas.
Anna Achmatowa stand in den Reihen hunderter einfacher Frauen, die Jahre damit verbrachten, eine karge Nachricht über das Schicksal ihrer Männer, Väter und Söhne zu erlangen.
Wie das Requiem als Totenmesse einen strengen Ritus hat, ist die Sprache hier schnörkellos und eindringlich. Es war das Anliegen der Übersetzerin, diese Schlichtheit der Sprache des Requiems deutlich zu machen und es nicht durch gesuchten Reim und zusätzliche Worte zu entstellen.

                                        Rosemarie Düring

Dokumente und Fotos aus dem Leben Anna Achmatowas

1912

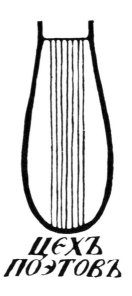

Titelblatt ihres ersten Gedichtbandes
„Der Abend" 1912

Nicolai Gumilev 1915

Anna Achmatowas erster Ehemann,
1921 wegen „konterrevolutionärer" Tätigkeit
erschossen

Anna Achmatowa mit Ehemann und Sohn
um 1915

1916

1923

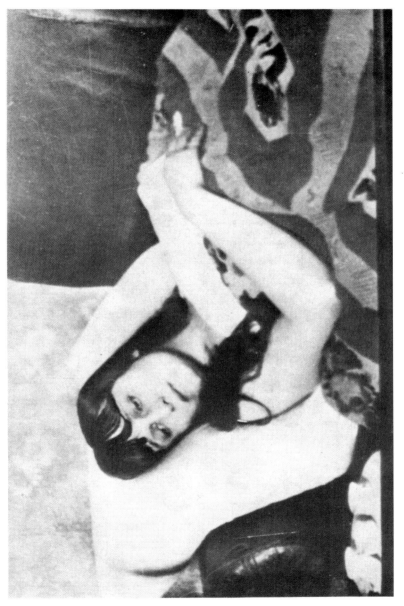

1924

Weiße Nacht über der Newa

um 1930

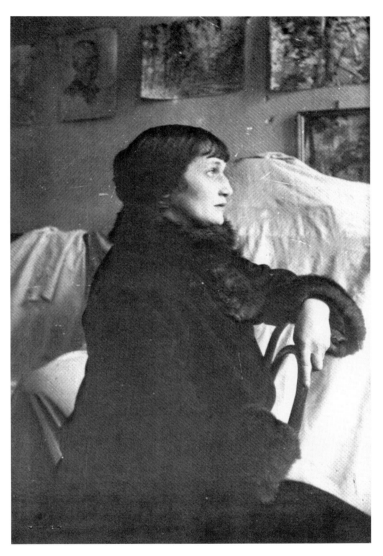

um 1925

Marina Zwetajewa

Marina Zwetajewa, 30. Dezember 1925, Paris

Marina Zwetajewa mit Tochter Alya 1915

Ossip Mandelstam um 1925

Ossip Mandelstam um 1930

Kusmin um 1920

Pasternak, Eisenstein, Majakowsky, Lily Brik
1921

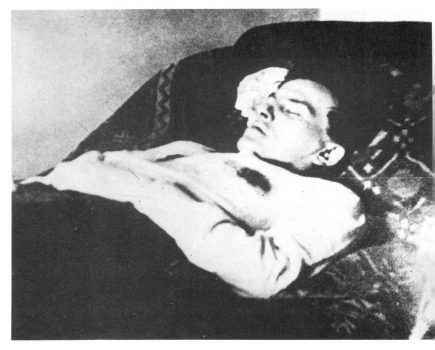

Majakowsky kurz nach seinem Selbstmord 1930

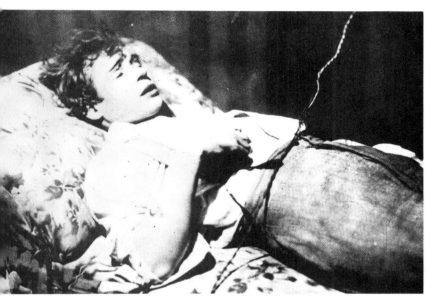

Jessenin kurz nach seinem Selbstmord 1925

Bruder Victor mit Mutter

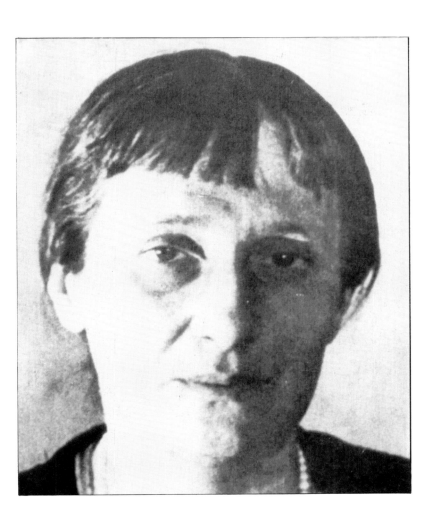

Gefängnis-Besucher-Ausweis der Anna Achmatowa

Памяти М. Булгакова

Вот это я тебе, взамен могильных роз,
Взамен кадильного куренья;
Ты так сурово жил и до конца донёс
Великолепное презренье.

Ты пил вино, ты как никто шутил
И в душных стенах задыхался,
И гостью страшную ты сам к себе впустил
И с ней наедине остался.

И нет тебя, и всё вокруг молчит
О скорбной и высокой жизни,
Лишь голос мой, как флейта, прозвучит
И на твоей безмолвной тризне.

О, кто подумать мог, что полоумной мне,
Мне, плачущей о том, что сталось былью,
Мне, тлеющей на медленном огне,
Всех потерявшей, всех забывшей,

Придётся поминать того, кто полный сил
И светлых замыслов, и воли,
Как будто бы вчера со мною говорил,
Скрывая дрожь смертельной боли.

1940 Ленинград
Март.

Leningrad 1941

Leningrad 1942

Leningrad während des Krieges

Пушкин.

Кто знает, что такое слава.
Какой ценой купил он право
Возможность или благодать
Над всем так мудро и лукаво
Шутить. Таинственно молчать
И ногу ножкой называть.
1943

Не недели, не месяцы — года
Расставались и вот наконец
Холодок настоящей свободы
И седой над висками венец.
Больше нет ни измен, ни предательств,
И до света не слушаешь ты,
Как струится поток доказательств
Несравненной: моей правоты.

Notizbuch aus Birkenrinde, gefunden in einer Gefängniszelle, in welches ein Häftling sich zur Erinnerung ein Gedicht von Anna Achmatowa eingraviert hat

Bei der Verleihung der Ehrendoktorwürde
Oxford 1965

Милый Виктор,

чувствую себя очень виноватой перед тобой. Я своевременно получила и твою фотографию, за которую я тебя благодарю, и чудесные нейлоновые чулки. Но мои постоянные переезды из Москвы в Ленинград и из Ленинграда в Москву, а еще больше тяжелая сердечная болезнь и длительное пребывание в больнице - у меня было уже три инфаркта - нарушают нормальное течение моей жизни. О себе мне почти нечего тебе сообщить. Я немного перевожу, в настояшее время - румын, и занимаюсь Пушкиным.

Еще раз благодарю тебя, что не забыл сестру.

Твоя Аня

Все лето буду у себя на даче в Комарове с Ханной. Целую тебя.

7 июня 1963
Москва

Briefe an ihren Bruder Victor Gorenko I–IV

Lieber Victor,
ich fühle mich sehr schuldig vor Dir. Rechtzeitig erhielt ich sowohl Deine Fotografie, für die ich Dir danke, als auch die herrlichen Nylonstrümpfe. Doch meine ständigen Fahrten von Moskau nach Leningrad und von Leningrad nach Moskau, aber mehr noch die schwere Herzkrankheit und der lange Aufenthalt im Krankenhaus — ich hatte schon drei Infarkte — stören meinen normalen Lebensablauf. Über mich habe ich Dir fast nichts zu berichten. Ich übersetze ein wenig, gegenwärtig — Rumänisch, und arbeite an Puschkin.
Noch einmal danke ich Dir, daß Du die Schwester nicht vergessen hast.
                                            Deine Anja.
Den ganzen Sommer über werde ich mit Hanna auf meiner Datscha in Komarovo sein. Ich küsse Dich.
7. Juni 1963
Moskau

Милый Виктор,

Как мне было приятно получить Твое доброе письмо. Благодарю также за предложение посылок. Но ,дорогой брат,это не нужно. Я на такой жестокой диэте,что послать мне что-нибудь съедобное бесполезно. Что-ж касается одежды,она мне не к чему: Того, что у меня есть,хватит,вероятно ,до конца.

Передать Твой привет Леве не могу- он не был у меня уже два года, но по слухам защитил докторскую диссертацию, и успешно ведет научную работу.

Если выйдет сборник моих стихов, я,конечно, с удовольствием пошлю их Тебе,и,разумеется,с надписью. Сборник 1961 года какие - то сумасшедшие раскупили в несколько минут, и у меня даже нет экземпляра.

Будь здоров.

Крепко Тебя целую *Твоя сестра Анна*

20- ое июля 1963 г.

Lieber Victor,
wie angenehm war es, Deinen guten Brief zu bekommen. Ich danke Dir auch, daß Du ein Paket schicken willst. Doch, lieber Bruder, das ist nicht nötig. Ich bin auf solch einer strengen Diät, daß es unnütz ist, mir irgendetwas zu essen zu schicken. Was Kleidung anbetrifft, ich brauche keine: Das, was ich habe, reicht wahrscheinlich bis ans Ende.
Deinen Gruß an Lev kann ich nicht übermitteln – er war schon zwei Jahre nicht bei mir, doch ich hörte, daß er seine Doktorarbeit verteidigt hat und erfolgreich eine wissenschaftliche Arbeit leistet.
Wenn die Sammlung meiner Verse herauskommt, werde ich sie Dir natürlich mit Vergnügen schicken, und natürlich mit einer Widmung. Den Sammelband von 1961 haben ein paar Verrückte in einigen Minuten aufgekauft, und nicht einmal ich habe ein Exemplar.
      Bleib gesund.
          Fest küsse ich Dich,
              Deine Schwester Anna
20. Juli 1963

Милный Виктор,

Посылаю Тебе мою последнюю фотографию. Многие считают её самой удачной. Мне пришло в голову, что я всё же могу исполнить Твою просьбу о подписи на стихотворном сборнике.

В этот конверт я вкладываю эту надпись, а Ты купи мою книгу стихотворений и наклей на титульный лист мою надпись.

Будь здоров,

Целую тебя.
Твоя Анна.

15 сентября 1963 г.

Lieber Victor,
ich schicke Dir meine letzte Fotografie. Viele halten sie für die gelungenste. Mir ist eingefallen, daß ich dennoch Deine Bitte um Signatur der Gedichtsammlung erfüllen kann.

In dieses Couvert lege ich diese Widmung, und Du kaufe meinen Gedichtband und klebe auf das Titelblatt meine Widmung.

      Bleib gesund,
          ich küsse Dich.
              Deine Anna.

15. September 1963

Милый Виктор!

Сегодня мне принесли три мои молодые фотографии /из хороших/. Мне хочется, чтоб они были у тебя, посылаю тебе их.

Лето прошло неважно, из-за плохой погоды я почти не гуляла и как-то ослабела.

Когда вернусь в город, напишу подробней.

Не забывай сестру. Будь, главное, здоров. Привет моей милой *belle-soeur*.

18 авг. 1965

Твоя Аня

Lieber Victor!

Heute brachte man mir drei junge Fotografien von mir (von den guten). Ich möchte, daß sie bei Dir sind und schicke sie Dir.

Der Sommer verging bedeutungslos, wegen des schlechten Wetters bin ich fast nicht ausgegangen und bin irgendwie geschwächt.

Wenn ich in die Stadt zurückkehre, schreibe ich ausführlicher.

Vergiß die Schwester nicht. Bleib, vor allem, gesund. Gruß an meine liebe belle-soeur.

Deine Anja

18. Aug. 1965

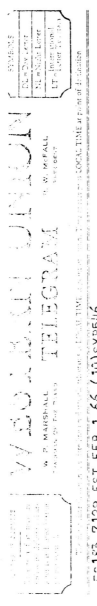

WESTERN UNION TELEGRAM

FS183 712P EST FEB 1 66 (10)SYB546

SY CDU401 RW17 20 PD INTL CD MOSCOU VIA WUI 31 1535

LT GORENKO VICTOR ANDREEVITCH

1820 BROOKLYNAVE BROOKLYN (NY)

ANNA ANDREEVNA BADLY ILL HEART DISEASE HOSPITAL FOR THREE MONTHS

MOSCOW

FRIENDS

1820
(00).

1 дек. 1964
Москва.

Милый Виктор,

Случилось так, что я потеряла твой адрес и во время не ответила тебе и поблагодарила за твой великолепный подарок — черное кимоно. Я ношу его с особым удовольствием. Сегодня еду в Рим и на Сицилию, где мне вручат премию за стихи. Командировка всего 10 дней. Я, конечно, в большой тревоге, — выдержит ли мое здоровье. Посылаю тебе мою последнюю фотографию — она лучше всех остальных. Передай мой привет твоей жене. Целую тебя

Всегда твоя Анн.

Anna Achmatowas Grabstätte in Komarovo

Sohn Lev am Grab seiner Mutter

INHALT

Nein, nicht unter fremdem Himmelsbogen 10-11
Widmung. 12-13
Einführung 14-15
Sie führten dich fort im Morgengrauen 16-17
Still zieht hin der stille Don. 18-19
Nein, das bin nicht ich. 20-21
Zeigen sollte man dir, Spötterin 22-23
Siebzehn Monate schreie ich 24-25
Leicht die Wochen fliegen. 26-27
Das Urteil 28-29
An den Tod. 30-31
Schon hat der Wahnsinn mit einem Flügel. 32-33
Kreuzigung 34-35
Epilog 1. 36-37
Epilog 2. 38-41
Nachwort   43
Dokumente und Fotos 45-91

**Anna Achmatowa · Die roten Türme des
heimatlichen Sodom**
Gedichte
zweisprachig
Text übersetzt von Irmgard Wille
mit zahlreichen schwarz-weiß Fotos
80 Seiten. 16,80 DM
ISBN 3-926409-09-6

Und den ganzen Tag, in Angst vor ihrem eigenen
                              Stöhnen,
Wälzt sich die Menge in tödlichem Schmerz,
Und jenseits des Flusses auf Trauerfahnen
Lachen unheilverkündende Schädel.
Das ist es nun, wofür ich gesungen und geträumt,
Sie haben mir das Herz in zwei Stücke gerissen,
Als es nach der Salve so still.
Der Tod schickte Patrouillen über die Höfe.
                              Sommer 1917
          (übersetzt von Rosemarie Düring)

A. Achmatowa bedrückte es, daß sie für viele die Dichterin von ,,Rosenkranz" und dem ,,Weißen Schwarm" geblieben ist . . . : ,,Woher sie das genommen haben, verstehe ich nicht, überall schreiben sie, daß ich 18 Jahre geschwiegen habe. Nach welcher Arithmetik haben sie das errechnet? Doch hier habe ich eben aufgeschrieben: Ich habe neun Gedichte von 1936, nicht zu reden vom ,Requiem', begonnen im Jahre 1935; es gibt Verse sowohl von 1924 wie von 1929.

Aber, daß sie mich nicht gedruckt haben, das ist wahr! . . . Fünf Mal hat man mich gedruckt, doch nicht veröffentlicht; als das Buch gesetzt war, kam die Anordnung, es zu verbrennen oder einzustampfen . . . Doch einige Exemplare sind erhalten, kürzlich brachte mir Surkow ein solches Exemplar, aus dem Archiv Jegolins, scheint mir."

Das Gespräch kam auf Marina Zwetajewa und von ihr auf andere unglückselige Rückkehrer. Achmatowa erinnerte sich an ihre Begegnung mit Zwetajewa im Jahre 1940, in Moskau:

„Wir gingen damals zusammen durch den Marina-Wald, hinter uns gingen zwei Leute, und ich dachte immerzu: Wem folgen sie nun, mir oder ihr? . . . " Ich fragte: „Nach dieser Begegnung schrieben Sie auch ‚Unsichtbare, Doppelgänger, Spötter'?" (Das Gedicht ist der Rückkehr der Zwetajewa gewidmet und der Tragödie, die ihrer Familie zugestoßen ist.)

„Nein, das war schon geschrieben, doch ich wagte damals nicht, es ihr vorzulesen . . . "

aus: Achmatowa / Struve
Gespräche

Utz Rachowski

Der letzte Tag der Kindheit

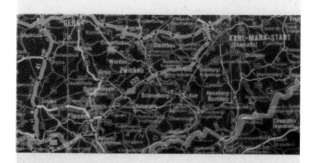

OBERBAUM VERLAG

Utz Rachowski · Der letzte Tag der Kindheit
Erzählungen
Französische Broschur. 56 Seiten. 14,50 DM
ISBN 3-926409-02-9

Utz Rachowski, geboren 1954 in Plauen im Vogtland/ DDR. Nach Abitur kurzzeitig Medizinstudium in Leipzig. Dann Gelegenheitsarbeiten. 1980 Inhaftierung aufgrund staatsgefährdender Hetze. Ausbürgerung. In West-Berlin und Göttingen dann Studium der Kunstgeschichte ohne Abschluß als Stipendiat der Friedrich-Ebert-Stiftung.
Lebt in West-Berlin.

1983 Stipendium des Senators für kulturelle Angelegenheiten / West-Berlin
1984 2. Preis im Erzählwettbewerb des Ostdeutschen Kulturrates / Bonn
1986 1. Preis im Erzählwettbewerb Niedersachsen
1987 „Andreas-Gryphius-Förderpreis"
1987 Stipendium der Hermann-Sudermann-Stiftung

„Hier ist ein junger Autor, der die Konflikte unserer Zeit am eigenen Leibe erfahren hat und sich trotzdem nicht abschrecken läßt, ein Deutsch zu schreiben, das an die beste Tradition deutscher Prosa anknüpft. Ein Stück, von dem man sich ungern trennt. Es hat die Qualität eines vergilbten Familienalbums, in das man sich vertieft, als ob man es noch nie vorher gesehen hätte."

Hans Sahl

Witold Wirpsza · Orangen im Stacheldraht
Paperback. 180 Seiten. 18,– DM
ISBN 3-926409-03-7

Witold Wirpsza wurde am 4. Dezember 1918 in Odessa geboren. Er studierte in Warschau Jura und Musik und befand sich von 1939 bis 1945 in deutscher Kriegsgefangenschaft. In Polen wirkte er als Lyriker, Prosaist, Essayist, Dramatiker und Übersetzer. Zusammen mit Maria Kurecka erhielt Witold Wirpsza 1967 für seine Übersetzungen deutscher Literatur – vor allem des „Doktor Faustus" von Thomas Mann – den Übersetzerpreis der Deutschen Akademie für Sprache und Dichtung. Wirpsza war als erster Gast aus den Ostblockstaaten 1967 Stipendiat des Berliner Künstlerprogramms des DAAD. Seit 1971 lebte er ständig in Berlin (West).
Er starb am 16. 9. 1985 in Berlin.

Aus dem Nachwort des Autors

„Wenn mir der Leser die Frage stellt, was mich beim Schreiben der ‚Orangen im Stacheldraht' bewogen hat, eines Buches, das — ich gebe es zu — nach einem recht eigenartigen und auch eigenwilligen dichterischen Konzept verfaßt ist, so kann ich diese Frage nur mit einigen persönlichen Bekenntnissen beantworten.

Zuerst möchte ich sagen, daß dieses Buch das Resultat persönlicher Erfahrungen ist. Während des Zweiten Weltkrieges war ich in zwei deutschen Kriegsgefangenenlagern als Gefangener untergebracht. Einige in meinem Buch beschriebene Umstände sind Tatsachen, die ich erlebt habe: unterirdischer Gang, Bau einer hölzernen Uhr, die Einteilung in Berufs- und Reserveoffiziere und auch die Gegensätze in der Haltung dieser beiden sozialen Gruppen, all das entspricht ganz allgemein der Realität.

. . .

Da die Situation selbst absurd war, mußte auch die Dialektik absurd sein. Hier schaltete sich aber die dichterische Phantasie ein: und in ihr vollzog sich die völlig absurde Einteilung des Freiheitsbegriffes in Freiheit im Raum und Freiheit in der Zeit, in ihr entstanden auch die Gruppen von Menschen, die diese beiden Tendenzen repräsentieren. Wir haben es hier mit einer künstlerischen Einteilung zu tun, die in einer normalen Gesellschaft nicht vorkommt. Ferner: diese beiden Gruppen schicken sich gegenseitig Spitzel, was allerdings auch in einer normalen Gesellschaft geschieht. Und weiter: diese Spitzel fühlen sich unabhängig von ihren Machthabern, ja vielleicht sogar gegen deren Willen miteinander solidarisch, ungeachtet der Partei, die sie repräsentieren. Dies ist, wie man weiß, durchaus nicht nur für eine geschlossene Gesellschaft spezifisch. Und endlich: Menschen mit künstlerischer Empfindsamkeit werden Opfer eines Krieges zwischen zwei Parteien, die absurde Ansichten über das Wesen der Freiheit haben, was ebenfalls unabhängig davon vorkommen kann, ob eine Gesellschaft geschlossen ist oder nicht und ob der gesellschaftliche Vertrag vernünftig oder absurd ist.

Witold Wirpsza

Siegfried Heinrichs
Leben mit der Tochter
mit Radierungen von Gisela Breitling

OBERBAUM VERLAG

Siegfried Heinrichs · Leben mit der Tochter
mit 4 Illustrationen von Gisela Breitling
Französische Broschur. 64 Seiten. 14,50 DM
ISBN 3-926409-01-0

„ . . . Was am ‚Leben mit der Tochter' bewegt, ist der Tonfall der Trauer um das Verlorene, die schon fast zur Idylle gewordene Erinnerung an etwas, was nicht mehr ist, ein nun mit Stacheldraht eingezäuntes, unterminiertes, vermauertes Stück Kindheit. Im Frage- und Antwortspiel mit der kleinen Tochter . . . wiederholt es sich noch einmal.

Heinrichs . . . spricht aus, was man heute nur ungern zu Papier bringt, man möchte doch nicht aus einer politischen Katastrophe dichterisches Kapital schlagen, wenn man den Schmerz über den grausamen Verlust einer Utopie, an die man einmal geglaubt hat, in Worten wiederzugeben versucht, die bei aller emotionellen Zurückhaltung doch das ganze Betroffensein eines Zeitalters widerspiegeln. . . ." *Hans Sahl*

Oliver Mertins · Ein Weg zur Unzeit
Erzählung
Französische Broschur. 116 Seiten. 16,80 DM
ISBN 3-926409-05-3

„ . . . Was an Oliver Mertins' erster Erzählung vom ersten Satz an fesselt, ist die Sprachgewalt: barocke Überfülle unmittelbar neben Hemingwayscher Prägnanz; eine an Grass oder Burgess erinnernde Wort-Lust, im Zaum gehalten durch eine . . . geschulte Strenge der Gedanken. Mertins ist ein . . . Erzähler, bei dem eine Story die andere jagt, und ‚Ein Weg zur Unzeit' liest sich streckenweise wie vermischte Horrorgeschichten aus aller Welt, chaotisch und doch geordnet, wie das orchestrale Pandämonium am Schluß von Lennons ‚A Day in the Life'. Kaum zu glauben, daß der Autor erst 22 ist.
. . .
‚Ein Weg zur Unzeit': A day in the life of Steven Faber, Wanderer, irgendwo im Hochgebirge Asiens, ein abenteuerlicher Abstieg zu Tal, das ist zunächst eine Reisebeschreibung, die sich wie Karl May wegliest — nur, daß im Rhythmus des Gehens, Stolperns, Innehaltens der Ich-Erzähler Faber ständig monologisiert, reflektiert. Er ist ein Zyniker, fräst sich wie die Raupe durch die Welt — der Camel-Typ, nur härter; wir sind vom Kino her gewohnt, uns mit solchen Männern zu identifizieren. Doch Vorsicht! Sein Gang führt hinab. Seinem vorurteilsfreien, marxistisch geschulten Blick auf die Wirklichkeit fehlen die Sanftmut, das Mitgefühl, die Hoffnung; er reicht gerade zur Apologie seiner rettungslosen Selbstbezogenheit. Wir erkennen uns wieder: ‚Ich benötige. Ich brauche. Ich habe nicht. Was sein konnte, krepierte langsam und elendiglich.' Ins Tal gelangt, ist dem Wanderer die Ausrüstung, die Kleidung, ja fast das Leben abhanden gekommen; Mertins führt an ihm vor, was Faber an Faulkner bewundert: ‚den Charakter . . . zu fast kognitiver Dissonanz führen und seine Ideologie zu demontieren'.

„Der Tagesspiegel"/Juni 1987